DÜBENER HEIDE

Es fotografierte Gerhard Hopf
Den Text schrieb Georg Gunske

VEB F. A. Brockhaus Verlag Leipzig

Einband Vorderseite:
Naturschutzgebiet Zadlitzbruch

Einband Rückseite:
Alte Torfhäuser am Wildenhainer Bruch

Fotonachweis
Klaus-Jürgen Hofer: Nr. 14 und 22

ISBN 3-325-00143-2

1. Auflage

Lizenz-Nr.: 455/150/28/88 · LSV 5219
Lektorat und Bildauswahl: Dorothea Harasim
Reihengestaltung: Hans-Jörg Sittauer
Layout: Marlis Freitag
Printed in the German Democratic Republic
Gesamtherstellung: Druckerei Fortschritt Erfurt
Redaktionsschluß: 22.11.86
Bestell-Nr: 586 629 7
01000

Am Rande der Dübener Heide, in der Kreisstadt Delitzsch, wurde 1795 der Naturforscher Christian Gottfried Ehrenberg geboren. Auf einer Gedenktafel an seinem Geburtshaus steht ein Ausspruch von ihm: »Der Welten Kleines auch ist wunderbar und groß, und aus dem Kleinen bauen sich die Welten.«

Vielleicht hat er bei diesen Worten auch an unsere Heidelandschaft zwischen Mulde und Elbe gedacht. Sie gehört nicht zu den großen Anziehungspunkten der Erde, ohne sie aber fehlte unserem Lande ein gewichtiges Stück. Unzählige Generationen haben hier gelebt, gelitten, geliebt, haben mit ihrer Arbeit dazu beigetragen, sie für uns in ihrer stillen Schönheit zu erhalten.

Heute gilt die Dübener Heide als die grüne Lunge eines sie umgebenden großen Industriegebiets. Viele Bewohner von Wittenberg und Gräfenhainichen, von Bitterfeld oder Leipzig kommen mit Vorliebe hierher. Hier atmen sie wieder frei und nehmen dankbar die Stille auf, die der Wald ihnen gewährt. 2000 km^2 sind eine große Fläche, auf der sich der Ausflüglerstrom, der an sonnenhellen Wochenenden hierher drängt, schnell verläuft.

Ein Blick auf die Landkarte zeigt, daß nur eine einzige bedeutende Fernverkehrsstraße den Heidewald durchschneidet, die F 2, die Berlin mit Wittenberg und Leipzig verbindet. Und selbst diese eine Straße wird inzwischen, seit es die Autobahn gibt, wenig befahren (was dem Wald sehr zugute kommt). Doch dieser und jener Kraftfahrer nimmt nach wie vor den weiteren Weg von Leipzig nach Berlin gern in Kauf, um während der Fahrt den Anblick der Heidelandschaft zu genießen. Hohe Kiefern, mitunter mächtige Buchen und Eichen säumen auf beiden Seiten die einstmals wichtige Verkehrsachse, die sich über das Hügelland der Endmoränen und zwischen den Gabelbergen und dem Hohen Gieck (den mit 187 und 191 Metern höchsten Erhebungen der Heide) erstreckt.

Vor Zeiten waren die Bewohner der Heide darüber froh, daß durch ihren einsamen Wald eine wichtige Fuhrmannsstraße führte. Diese kurbrandenburgische Postroute, die heutige F 2, verband sie mit Wittenberg, in entgegengesetzter Richtung mit dem gewichtigen Leipzig und darüber hinaus sogar mit dem fernen Venedig.

Vergnüglich war damals eine Fahrt auf dieser unbefestigten Straße keinesfalls. Mühsam plagten sich die schweren Planwagen der Händler über die Höhen hinweg, und es gab Abschnitte, da sanken die Wagenräder tief in den losen Heidesand ein. Die sumpfige Furt durch den Forellenbach, wie der Oberlauf des Hammerbachs heute bisweilen noch heißt, dürfte den Fuhrleuten sogar oft laute Flüche entlockt haben. Doch nicht nur diese Mühsal erregte den Unwillen der Kaufleute. Der dichte Wald links und rechts der Straße bot Straßenräubern ein sicheres Versteck. Wiederholt kam es zu Überfällen, und Mordtaten waren nicht selten. Im Staatsarchiv Magdeburg sind Gerichtsakten einzusehen, die darüber berichten.

Während des Dreißigjährigen Krieges zogen über die alte Fuhrmannsstraße auch die einander befehdenden Heere hin. So fielen im Jahre 1630 von der Heide her brandschatzende kaiserliche Truppen in die Stadt Düben ein, im Spätsommer 1631 zog auf der Fuhrmannsstraße der Kurfürst Johann Georg von Sachsen mit zwanzigtausend Landsknechten heran und vereinigte sich in Düben mit dem schwedischen König Gustav II. Adolf und seinem Heer, ehe es bei Breitenfeld, vor den Toren Leipzigs, zur großen Schlacht gegen die Truppen des kaiserlichen Feldherrn Tilly kam. Ein Gedenkstein an einer Ecke der Dübener Friedhofsmauer, direkt an der F 2, erinnert an diese Vereinigung. Auch während des Siebenjährigen Krieges, den Preußen um den sicheren Besitz Schlesiens führte und der mit dem Überfall auf Sachsen begann, wurden die Ortschaften entlang der Fuhrmannsstraße in Mitleidenschaft gezogen.

Im Jahre 1813 zog Napoleon mit seinem gewaltigen Heer die Straße entlang. An der Mulde wollte er sich der preußisch-russischen Armee zum Kampfe stellen. Die Verbündeten indes – unter der Führung Blüchers, des Marschalls »Vorwärts« – waren wenige Tage zuvor über Bitterfeld und Halle nach Leipzig ausgewichen, wo es dann schließlich zur Völkerschlacht kam. In unserem Jahrhundert blieben die Heidedörfer von den Bitternissen der Kriege weitgehend verschont, wenngleich Kriegsmaschinerie auch diesmal über ihre Straßen rollte. Auf ein grausiges Geschehen weisen zwei Grabstätten an der Straße zwischen den Heidedörfern Söllichau und Durchwehna und auf dem Friedhof in Kossa, etwas abseits der F 2, hin. Hier wurden im April 1945, also wenige Tage vor dem Ende des Krieges, Kolonnen von KZ-Häftlingen entlanggetrieben, und viele von ihnen, die, von Hunger und Schlägen geschwächt, nicht mehr weiterkonnten, wurden von ihren Bewachern umgebracht. Auf dem schlichten Grabmal im Wald bei Durchwehna steht ein Wort Max Zimmerings: »Sie starben schuldlos und aufrecht, weil sie der Lüge nicht ihr Haupt geneigt.«

Geschichte der Heide, die zugleich auch Geschichte ihrer Straßen, vor allem der alten Fuhrmannsstraße, ist.

Seit alters konnten sich die Bewohner des kargen Heidelandes nur behaupten, wenn sie rastlos arbeiteten und sich gegenseitig in der Not halfen. Reiche Bauern, die linksseitig der Mulde siedelten, wo dank der fetteren Böden alljährlich die Scheunen bis unters Dach gefüllt werden konnten, gab es hier einstmals kaum. Der einzige Reichtum war das Holz.

In einer Schrift aus dem Anfang des vorigen Jahrhunderts wird berichtet, daß sich die Bewohner der Heide fast nur von den Erträgen des Waldes ernährten: ». . . die Häusler und Tagelöhner fällen Bau- und Klafterholz und brennen Kohle; die ganz arme Klasse und ihre Kinder harken abgefallene Kiefernnadeln zu Streu in die Ställe um Lohn, binden Besen, machen Quirle und Kienspäne, sammeln Erdbeeren, Heidelbeeren, Brombeeren, Morcheln und andere Pilze und karren oder tragen diese Dinge nach Düben, Delitzsch oder Leipzig.« Fast das ganze Jahr über plagen sich Frauen und Kinder im Wald. Gewiß, der Wald ist an Beeren reich, aber wie lange dauert es, bis das vor den Leib gebundene oder an einem Faden um den Hals gehängte Töpfchen gefüllt ist, und wieviel Zeit erst braucht man für einen vollen Eimer. Fast einen ganzen Tag. Am anderen Tag dann klopfen die Frauen an die Dübener oder Schmiedeberger Haustüren. Durch die Gassen schallt ihr Ruf »Heedelbeeren! Heedelbeeren!« Für ein halbes Kilogramm erhalten sie noch um 1880 nur zwei Pfennige, gerade soviel, wie der Preis für ein Ei beträgt. Die Einnahmen der Beerenfrauen sind also kärglich, denn auch in Düben und Schmiedeberg wohnen fast ausschließlich kleine Bauern, kleine Handwerker, Holzarbeiter, und ihre Beeren suchen sich jene meistens selbst. Etwas größer ist der Verdienst der Frauen, wenn sie die Beeren in Delitzsch oder gar in Leipzig verkaufen; doch was sie an Geld gewinnen, setzen sie an Wegzeit wieder zu.

Und ist die Beerenzeit vorbei, dann sind die Pilze an der Reihe, die Pfifferlinge, die Morcheln, die Steinpilze, die Reizker und bis in den November hinein auch noch die Ritterlinge, nach denen die Frauen und Kinder suchend die Heide durchstreifen.

In allen Dörfern links und rechts der alten Fuhrmannsstraße gab es Korbmacher, Holzspalter, Schindelmacher oder Splitthacker, Pechsieder, Köhler und dort, wo sich nur ein wenig Ton im Boden fand, auch Töpfer, alles Armeleutehandwerke, die den Heidebewohnern ebenfalls nur das Nötigste zum Leben einbrachten. Zudem war diese Landschaft Jahrhunderte hindurch kursächsisches Jagdgebiet und befand sich also in der Obhut der Kurfürsten. Immer wieder wurden die Männer von ihrer Arbeit fortgeholt, um als Treiber zur Verfügung zu stehen. Gewiß, die Herzöge sorgten auch für Aufforstungen, bezogen dabei aber oft genug die Siedlungsflächen der »kleinen Leute« mit ein.

Die genannten Gewerbe sind heute fast völlig verschwunden. Pechhütten, in denen das Baumharz gesiedet wurde und in denen man unter anderem das schwarze Pech gewann, gibt es seit langem schon nirgends mehr. Eine der letzten stand in der Nähe von Söllichau. Eine kleine Ansiedlung mit den Resten einer Siederei wird noch heute die »Friedrichshütte« genannt. Auch die Schindelmacherei ist ausgestorben. Die letzte bestand bis 1983 in dem kleinen Dorf Krina. In Lubast, an der F 2 gelegen, gibt es noch eine Töpferei. Ihre Tonwaren, teilweise kunsthandwerkliche Arbeiten, sind in weitem Umkreis begehrt.

Zwischen dem Ortsteil Eisenhammer, zu Tornau gehörig, und dem Heidegasthof »Wachtmeister« weht dem Autofahrer und dem Wanderer mitunter beißender Holzrauch ins Gesicht. Er zieht von der Dachszange her, jenem Heideteil nahe der alten Fuhrmannsstraße, auf dem noch die einzige Köhlerei des mitteldeutschen Flachlandes steht. Vor ein paar Jahren brannten hier die Meiler in der gleichen Art und Weise, wie sie schon vor Jahrtausenden gebrannt haben mochten. Um einen »Quandel« herum, einen aus Knüppeln errichteten Schlot, wurden Buchen- oder Kiefernhölzer drei Etagen hoch angelehnt, mit Heidekraut und Rasenstücken bedeckt und zuletzt noch mit Erde beschüttet. Länger als eine Woche dauerte es, bis das Holz im Meiler verkohlt war und schließlich, in Säcke gefüllt, vor allem an Schmieden und Schmelzereien und – zum Erwärmen der Bügeleisen und der Wohnungen – auch an Haushalte verkauft werden konnte. Auch zum Reinigen des Wassers wurde die Holzkohle gebraucht. Heute geht die in der Dübener Heide gewonnene Holzkohle vorrangig in die Kupferschmelzen der Mansfelder Bergwerke.

Zwar sind nun an die Stelle der spitzkegeligen Meiler großräumige quadratische Retorten aus Stahl und Beton getreten, doch noch immer liegt über der Köhlerei ein Hauch von Romantik.

Sogar Goldsucher gab es einmal in der Heide, so im 16. Jahrhundert am Gleinerbach nahe dem Dorf Kossa. Das können wir in »Schumanns Post- und Zeitungslexikon« aus dem Jahre 1818 nachlesen. Überhaupt wurde im 16. Jahrhundert nach dem glänzenden Metall an vielen Orten Sachsens gesucht, nicht nur im Auftrag der Kurfürsten, die erwarteten, daß damit die meist leeren Kassen wieder gefüllt werden könnten, sondern auch, weil arme Leute hofften, mit einem Fund das große Glück zu machen und so aus der Not herauszukommen. Reich ist bei der Goldsuche aber wohl niemand geworden, die Geschichte jedenfalls berichtet darüber nichts.

Heute arbeiten viele Bewohner der Dübener Heide in den umliegenden Industriebetrieben. Busse holen sie ab, bringen sie nach Bitterfeld, nach Wolfen oder ins Betonwerk bei Laußig und fahren sie nach der Arbeit wieder in ihre Dörfer zurück.

Wie arm die Bewohner links und rechts der alten Fuhrmannsstraße einstmals waren, ist noch an manchem Grundstück und altem Bauwerk in den Dörfern, vor allem in den beiden Städtchen Schmiedeberg und Düben zu sehen. Schmale, niedrige Häuser, oft ohne Hof oder Garten, stehen in den alten Gassen noch dicht an dicht. Bis in die zweite Hälfte unseres Jahrhunderts hinein wurde die Dübener Altstadt fast ausschließlich mit Wasser aus artesischen Brunnen versorgt. Mit Eimern und Fässern wurde es in die Haushalte geholt. Eine zentrale Wasserversorgung durch ein entsprechendes Leitungsnetz gibt es erst seit wenigen Jahren. Auch die Bürgerhäuser rund um das Rathaus von Bad Düben, die einstmals den Honoratioren der Stadt gehörten, erwecken im Vergleich zu denen in vielen anderen Städten einen Eindruck von Ärmlichkeit. Erst in unserem Jahrhundert, vor allem in den letzten Jahrzehnten wuchsen Bauten empor, auf die ihre Bewohner stolz sein können. Schmucke Einfamilienhäuser und große Wohnblöcke entstanden, zum Teil eingebettet in freundliches Grün.

Gleichzeitig wird Wert darauf gelegt, manches Alte zu erhalten. Kulturhistorisch interessante Bauten wie das Autor in Bad Schmiedeberg oder in Bad Düben die sich ans Rathaus anschmiegende »Alte Post« wurden restauriert und bereichern heute das Bild dieser Orte. Auch das Städtchen Kemberg am Nordrand der Heide hat noch manch schönes historisches Bauwerk aufzuweisen. Besonderes Verdienst um die Bewahrung wichtiger Zeugnisse der Vergangenheit hat sich der 1986 verstorbene Buchdrucker Willy Winkler erworben. Nicht nur die Gründung des Dübener Landschaftsmuseums ist ihm zu danken. In zahlreichen Veröffentlichungen, auch in der Tagespresse, hat er die Erinnerung an die Geschichte des Heidelandes wachzuhalten versucht, und in den Schulen wird seine Sammlung der heimischen Legenden und Sagen genutzt. Dank seiner Bemühungen wurde auch die letzte Schiffmühle der Mulde, die letzte im ganzen deutschsprachigen Raum überhaupt, vor dem Verfall bewahrt. Gebaut wurde sie wahrscheinlich schon vor dem Dreißigjährigen Krieg, und gelaufen ist sie bis 1954, dann geriet die Mühle, versandet und verlandet, hinter dem Ortsteil Alaunwerk im Flußbett der Mulde in Verfall, bis sie Willy Winkler mit tatkräftigen Helfern ins Burggelände holte. Das Institut für Denkmalpflege in Dresden setzte alles daran, sie als letztes technisches Denkmal ihrer Art für die Nachwelt zu erhalten. Um 1800 noch sollen allein auf dem kurzen Muldenabschnitt zwischen Eilenburg und Bad Düben elf solcher Schiffmühlen in Betrieb gewesen sein.

In einigen Heidedörfern beginnen alte Sitten und Gebräuche wieder aufzuleben, so in Dahlenberg der Brauch des »Nachbarbiers«. In der Bauernanordnung des Amtes Schmiedeberg von 1513 steht darüber: »Zu Pfingsten und zu Weihnachten darf die Gemeinde um Erhaltung guter Nachbarschaft Bier zusammen trinken und ziemlicherweise Fröhlichkeit gebrauchen. Doch soll dabei nicht mehr als das auf Gemeindebeschluß aufgelegte Faß Bier oder Viertelbier getrunken und niemand zur Teilnahme gezwungen werden.«

Mit dem »Nachbarbier« erwarben sich neue Gemeindemitglieder die Gemeinderechte und durften an den öffentlichen Angelegenheiten des Dorfes teilnehmen. Heute ist es allein eine Form des geselligen Lebens im Dorf.

In Bad Düben wird die Tradition der sogenannten Holzhakkerbälle gepflegt, Tanzveranstaltungen mit vielen, meist humorvollen volkskünstlerischen Einlagen. Eine Tradition jüngster Zeit sind die jährlichen »Heideläufe«, sportliche Großveranstaltungen im Dübener Ortsteil Hammermühle, zu denen sich stets mehr als tausend Sportlerinnen und Sportler aus allen Bezirken der Republik einfinden.

Wenn die Heide inzwischen auch Tribut an den technischen Fortschritt zu zahlen hat, so gilt die Landschaft dennoch als eine der gesündesten im ganzen Land. Einiges dazu, zumindest für die Stadt selbst, haben auch die Dübener Ratsherren beigetragen. So erzwangen sie gegen Ende des vorigen Jahrhunderts, daß die zwischen Wittenberg und Eilenburg geplante Eisenbahnlinie weit außerhalb der Stadt entlanggeführt wurde, und auch die heutige volkseigene Werkzeugmaschinenfabrik WEMA (ursprünglich als Gerberei und Lederwarenfabrik erbaut) durfte sich nur außerhalb der Stadt, jenseits der Mulde, in einem bis in die jüngste Zeit von jedem Hochwasser umbrandeten Gebiet ansiedeln. In anderen Städten, so auch im nahen Eilenburg, werden heute die innerhalb der Stadtmauern gelegenen Fabriken mit großem finanziellem Aufwand wieder nach draußen verbannt.

Schon in der Mitte des vergangenen Jahrhunderts bemühten sich rührige Dübener, die Stadt für die Besucher anziehend zu gestalten und später auch in einen Heilkurort zu verwandeln. 1847 wurde an der Stelle des einstigen Reitplatzes der Zietenhusaren, die hier ihren Standort hatten, ein großräumiger »Bürgergarten«, der heutige Stadt- oder Kurpark, angelegt. Wenig später pflanzte man vor dem Leipziger Tor an der Stadtmühle Bäume für einen »Bürgerpark«. 1885 wandte sich der »Verschönerungsverein Düben und Umgebung« in den Zeitungen von Halle, Leipzig und Bitterfeld mit der Werbung für die »Sommerfrische-Landschaft Düben an der Mulde« an alle »Naturhungrigen«, empfahl einen Aufenthalt in der Stadt und pries deren niedrige Mieten, billigen Lebensunterhalt, lebhaften Wochenmarkt, gesunde Lage und ozonhaltige Luft. Dem vom Landwirt Hermann Müller Ende des Jahrhunderts geschaffenen »Genesungs- und Erholungsheim Grundheil« wurden auf etlichen Gesundheits- und Hygieneausstellungen hohe Auszeichnungen verliehen; in der Neumühle wurden ein Vollkornbrot »Grundheil« gebacken und ein besonderes Schrotmehl aus Hafer, Weizen und Roggen, gewürzt mit Kräutern der Heide, bereitet, für das es in Leipzig und Berlin sogar eigene Verkaufsstellen gab.

Als man bei Bohrungen nach Braunkohle vor den Grenzen der Stadt Moorerde entdeckte, meinten die Dübener: Was die Schmiedeberger fertigbrachten, können wir auch. Auf dem Gelände des einstigen, fast 400 Jahre betriebenen, aber nun seit Jahren stillgelegten Alaunwerks am westlichen Rande der Stadt wurde ein »Eisenmoorbad« eröffnet, dessen Leistungen als »genau so wie in Schmiedeberg, nur billiger« angepriesen wurden. Neben Wannenbädern bot man auch Bäder in der Mulde an. Findige Köpfe benannten das Gelände um das einstige Alaunwerk herum ein wenig hochstaplerisch in »Dübener Schweiz« um. Wer sich heute noch an diesen Namen erinnert, lächelt darüber. Doch die schwarzen

Abraumhalden und das von vielen Vertiefungen zerrissene und meist von Birken bewachsene Waldstück im Ortsteil Alaunwerk samt dem steil zur Mulde abfallenden »Roten Ufer« sind für die Dübener noch immer ein beliebtes Ausflugsziel.

Zu den Bemühungen, Düben für Urlauber anziehend zu gestalten, gehörte auch der Ausbau des Gesundbrunnenquells in der Nähe der Stadt. Der Name »Gesundbrunnen« rührt von einer alten Sage her. Ein gütiger Waldgeist hatte hier mit dem stark eisenhaltigen Wasser der Quelle einen kranken Wandersmann geheilt. Anfang unseres Jahrhunderts wurden der Quell eingefaßt, eine Schutzhütte errichtet und Tische und Stühle aufgestellt. Bis 1933 hatten hier vor allem die Arbeitervereine Treffen abgehalten und mit Kind und Kegel fröhliche Feste gefeiert. In den Kriegswirren zerstört, hat der Gesundbrunnen jedoch bis heute seine einstige Anziehung nicht wieder erreicht.

Das Moorbad, das schließlich 1946 der Stadt zum Namen »Bad« Düben verhalf, wurde erst 1914 gegründet, sein Moor wird inzwischen von weit her herangebracht. Beide Bäder, das Schmiedeberger und das Dübener, betreuen jährlich mehr als zehntausend Patienten – wobei Bad Schmiedeberg die größere Anzahl aufnimmt.

Zu den medizinischen Einrichtungen zählen das Moorbad Pretzsch, das im Wasserschloß Reinharz untergebrachte Genesungsheim, die mitten im Wald liegende große orthopädische Klinik »Waldkrankenhaus Bad Düben« und etliche kleinere Objekte. Unzählige Kranke haben hier in der Dübener Heide schon Genesung gefunden, und manche von ihnen fühlten sich später auch als Gesunde noch zu ihr hingezogen.

Östlich der alten Fuhrmannsstraße stand bis vor wenigen Jahren mitten im Wald die Siebenarmesäule. Sie kennzeichnete jene Stelle, an der sich sieben Wege kreuzen. Diese führen nach Bad Düben, nach Söllichau, nach der einstigen Friedrichshütte, nach Bad Schmiedeberg, nach Reinharz, nach Eisenhammer und nach Tornau. Und da alle Wege auch noch weitergehen, gibt es Leute, die da sagen, die Siebenarmekreuzung ist nicht nur die eigentliche Mitte der Heide, sie ist zugleich der Mittelpunkt der Welt.

Bereits auf dem Weg von Bad Düben zur Siebenarmekreuzung sind die Reize dieser Landschaft zu spüren. Kiefernpflanzungen lösen sich ab mit Eichen- und Buchenbestand, ausgedehnte Flächen mit Heidelbeeren und Walderdbeeren erstrecken sich links und rechts, Rehe und Hasen flüchten vor dem Wanderer, und unter seinen Füßen spürt er das für die Heide charakteristische sanfte Hügelland.

Freilich, ein vollständiges Bild der Dübener Heide ist dies bei weitem nicht. Zu ihm gehört mehr: stille Waldwiesen, unzählige Rinnsale, die den Wald und die Wiesen durchziehen, versteckte Seen und Moore . . .

Die Seen und Moore liegen über die Heide verstreut, sie sind nicht zuletzt der Grund dafür, daß fast die gesamte Heide unter Landschaftsschutz steht. Nichts ist zugelassen, was die Schönheiten und Eigenheiten der Heide zerstört. Etliche Flächen werden darüber hinaus als Naturschutzgebiete noch besonders geschützt. Hier dürfen die Wege nicht verlassen werden, und es ist nicht gestattet, Blumen zu pflücken, Tiere zu fangen oder gar zu töten.

An dem auf- und absteigenden Weg, der von der Siebenarmekreuzung zum Schmiedeberger Aussichtsturm führt, steht Mischwald, man fühlt sich hier in eine Landschaft ähnlich mancher des Thüringer Waldes versetzt. Vom Aussichtsturm aus, 208 m über dem Meeresspiegel, hat man einen guten Rundblick und schaut über den gesamten weiten Heidewald.

Die Gniester Seen, der Waldsee, der Lange See, der Königssee, die Presseler und die Lausiger Teiche sind ebenso wie der großflächige aus einem einstigen Braunkohlentagebau entstandene Bergwitzsee Kleinode in unserer Landschaft. An den meisten Seen haben inzwischen den ganzen Sommer über Ausflügler aus der näheren Umgebung ihre Zelte aufgeschlagen.

Vor wenigen Jahren entstand das Speicherbecken Muldenstein. Die Mulde wird hier durch einen ehemaligen Tagebau geleitet und bedeckt eine Fläche, die sich in ihren Ausdehnungen mit dem Berliner Müggelsee messen kann. Der Stausee oder »Poucher See«, wie er von vielen genannt wird, ist bereits ein beliebtes Ausflugsziel geworden. Viele Vogelarten fühlen sich an ihm heimisch, mit einigem Glück kann man sogar Kormorane, Graureiher und den seltenen Eisvogel sehen.

Die bedeutendsten Moore sind der Zadlitzbruch und der in seiner unmittelbaren Nachbarschaft liegende Wildenhainer Bruch. In diesen beiden Naturschutzgebieten sammeln sich im Herbst unzählige Wildgänse, ehe sie weiter nach Süden fliegen. Auch Reiher können beobachtet werden, ebenso Kraniche, die hier ihren südwestlichsten Brut-, Sammel- und Rastplatz haben. Der Wildenhainer Bruch entstand bereits im 16. Jahrhundert. Torf wurde hier bis zur Mitte des vorigen Jahrhunderts abgebaut und in die umliegenden Städte gefahren. Heute stellt der Wildenhainer Bruch das südlichste der großen Niederungsmoore unseres Landes dar.

Durch den Zadlitzbruch, in dem der Torf noch bis 1948 gestochen wurde, führt ein von Naturschützern liebevoll gestalteter Wanderpfad. Wollgras wächst hier, und im Juni sind ganze Flächen voll fleischfressenden Sonnentaus in Blüte zu sehen. An einigen Stellen gedeihen Preiselbeeren, und dort, wo die Torfstiche noch offenliegen, wirken die schwarzen Wasserflächen wie tot.

Das kleine Museum in Bad Düben hat der Landschaftsgeschichte den Vorrang eingeräumt. Es zeigt manch Spezifisches dieser Landschaft, das Leben der Menschen in der Heide, ihr Verwachsensein mit dem Wald. Untergebracht ist es in einer alten Burg, die in älteren Schriften noch als Schloß bezeichnet wird. Doch ein Schloß im eigentlichen Sinn, also Sitz eines Adelsgeschlechts, war sie nie. Schon ihre früheste Anlage diente vor allem dem Schutz und der Sicherung des Handelsweges über die Mulde. Zwar gab es im 12. Jahrhundert einen Burggrafen von Düben, und im 13. Jahrhundert erhielten Angehörige des niederen Adels die Burg als Lehen, doch schon 1531 war sie Verwaltungssitz des Amtes Düben. Hier wurde wenig später auch der Junker Günther von Zaschwitz aus dem nahen Schloß Schnaditz zum Schadenersatz wegen Raubes von Zuchtpferden des Händlers Hans Kohlhase verurteilt. Da der adlige Räuber jedoch nicht daran dachte, zu zahlen, begann Kohlhase, zweifellos ein mutiger Mann, gegen Zaschwitz einen Kleinkrieg zu führen, den er 1540 allerdings mit seinem Leben bezahlen mußte. Diese tragische Begebenheit bildete die Grundlage für die Novelle »Michael Kohlhaas« von Heinrich von Kleist.

Anfang Oktober 1813 befand sich bei der Burg das Hauptquartier der Schlesischen Armee, Teil der gewaltigen Befreiungsfront gegen Napoleon. Hier fand auch jene Beratung statt, nach der wenige Tage später, in der Völkerschlacht bei Leipzig, die Napoleonischen Heere vernichtet wurden. Das Blatt hätte sich noch wenden können, wenn es Napoleon gelungen wäre, die Beratung zu stören, an der unter anderen die preußischen Generale Blücher, Yorck und Gneisenau und die russischen Generale Langeron, Korff und Karzewitsch teilnahmen. Doch da er zu spät eintraf und zudem nicht wußte, in welche Richtung die preußische Armee sich abgesetzt hatte, war in Düben sein Schicksal fast schon besiegelt. Nach eigenen Aufzeichnungen hat er auf der Burg die schrecklichsten Stunden seines Lebens verbracht. Eine kleine in die Mauer eingelassene Gedenktafel erinnert an diesen Aufenthalt.

In ebendiese alte Burgmauer soll, so erzählt eine Sage, vor mehr als 1000 Jahren ein feindlicher Eroberer zwölf Getreue des Burgherren lebend eingemauert haben, weil sie nicht aussagen wollten (oder konnten), wo ihr Herr sich versteckt halte. Und über Jahrhunderte hinweg sei an dieser Stelle das Mauerwerk stets hell und blank geblieben, und kein Moos habe sich hier bilden wollen.

Im Turmdurchgang der Burg kann der Besucher den »Hexenkeller« besichtigen. Hier verstarb 1699 in einem der letzten sächsischen Hexenprozesse nach qualvoller Folter eine unschuldige Frau, die nicht gestehen wollte, mit dem Teufel verbündet zu sein und von ihm die Hexerei erlernt zu haben.

Ungewöhnliche Zeugen der Geschichte finden sich über die ganze Heide verstreut. In ihrem Südteil liegen noch Grabstätten aus ur- und frühgeschichtlicher Zeit. Da unsere Vorfahren ihre Toten als ›im Berge lebend‹ sahen, wurden über den Gräbern Hügel aus Erde und Gestein errichtet. Wer die inzwischen meist von Bäumen und Sträuchern überwucherten Hügelgräber noch entdecken will, muß freilich den Wald schon sehr aufmerksam durchstreifen. Leichter fällt es bei Grabstätten aus neuerer Zeit. Unmittelbar neben der F 2, der alten Fuhrmannsstraße, auf halbem Weg zwischen den Raststätten Wachtmeister und Oppin liegt das »Bertagrab«, die letzte Ruhestätte eines jungen Mädchens, das während des Dreißigjährigen Krieges von einem Söldner ermordet wurde. Die Historie berichtet, daß die Untat sehr schnell gesühnt worden sei; wenige hundert Meter entfernt, etwas abseits der Straße, liegt das »Reitergrab«. In ihm soll, erzählt man, Bertas Mörder von ihren Rächern verscharrt worden sein.

Nahe dem Aussichtsturm bei Bad Schmiedeberg liegt das »Zigeunergrab«, der letzte Ruheplatz eines Schaustellers, der hier umgebracht worden ist. Um das in seiner Nähe liegende »Jungferngrab« rankt sich folgende Sage: Ein sechzehnjähriges Mädchen, dem schwedische Söldner Vater und Mutter erschlagen hatten, hatte sich bereit erklärt, den Schmiedebergern die Nachricht zu überbringen, daß in ihrer Nähe eine Gruppe marodierender Landsknechte ihr Lager aufgeschlagen habe, die aber, wenn sich die Schmiedeberger den Dübenern anschlössen, gewiß zu überwinden sei. Auf dem Rückweg wurde es von den Marodeuren aufgegriffen. Nach dem geglückten Angriff auf die Landsknechte fand man es vergewaltigt und ermordet in der Nähe des Lagers im Wald. Die Leichen der besiegten Söldner wurden verscharrt, das Mädchen aber dort ehrenvoll begraben, wo man es gefunden hatte. In eine Tafel schnitt ein Schmiedeberger Holzschnitzer die Worte: »Wo Nixen und Elfen lauschen, wo Tannenwipfel rauschen, fand ich mein frühes Grab. Steh, Wanderer, still und bete, hier ruht die Margarete Christine von Glasenapp.« Die Historie legt dieses Ereignis in den Dreißigjährigen Krieg. Unter dem Grabspruch jedoch steht die Jahreszahl 1651. Möglich gewesen war solches Geschehen auch noch drei Jahre nach dessen Ende.

Ist es der Grabspruch, inzwischen in Stein gehauen, oder die Achtung vor einem tapferen Mädchen, die Menschen hier verweilen läßt? Erstaunlicherweise finden wir auch heute noch das Grab immer wieder von Vorübergehenden mit Blumen geschmückt.

Auch kuriose Gedenksteine gibt es. In der Nähe Weidenhains, fast schon vor den Toren Torgaus, steht die Bärensäule. Sie zeigt auf der Vorderseite einen Mann in der Krone eines Baumes, darunter einen Bären, der dem vor ihm Geflüchteten nachzusteigen versucht. Die Rückseite ziert das kursächsische Wappen. Der Mann auf dem Baum stellt Kurfürst August dar. Wieviel Angst muß er ausgestanden haben, wenn er zur Erinnerung an diese ›schreckliche‹ Lage, aus der ihn schließlich der Wildenhainer Förster befreite, ein Denkmal setzen ließ?

In unmittelbarer Nähe der Bärensäule, am Rand der F 2, liegt der »Lutherstein«, jener gewaltige Findling aus der Eiszeit, von dem herab Martin Luther den Wittenberger Studenten, die ihn nach seinem Disput mit dem katholischen Professor Eck hier aus Leipzig zurückerwarteten, eine Predigt gehalten haben soll.

Oder predigte Luther auf der nahen »Studentenwiese«? Immerhin aber ist dieser Stein, der in der Frühzeit unserer Geschichte wahrscheinlich eine Kultstätte war, nach dem großen Reformator benannt worden.

Vieles gibt es hier noch zu entdecken . . . »Wenn du reisen willst, mußt du die Geschichte dieses Landes kennen und lieben. Das ist ganz unerläßlich.« (Theodor Fontane). Es lohnt sich, auch die Dübener Heide näher kennenzulernen, jene freundliche Landschaft, die sich links und rechts der alten Fuhrmannsstraße erstreckt.

2
3

1 Winter in Bad Düben
2 Heidegaststätte »Wachtmeister« an der F 2 zwischen Tornau und Lubast
3 Im Garten der Heideschänke »Rotes Haus«
4 Fähre über die Mulde bei Hohenprießnitz

5
6

5 Fährmann an der Mulde bei Hohenprießnitz
6 Die einzige erhaltene Schiffmühle in der DDR steht im Burggarten des Landschaftsmuseums der Dübener Heide in Bad Düben
7 Kremserfahrt durch die Heide
8 Bauerngehöft in Tiefensee
9 Blick auf Bad Düben vom Turm der Stadtkirche St. Nikolai (erbaut in den Jahren von 1810–1817)
10 Weg von Wellaune nach Bad Düben

7
8

Torgau

9
10

11
12
13

Hauptquartier der Schlesischen Armee
vor der Völkerschlacht bei Leipzig
Düben, 6. bis 9. October
1813

14
15

11 Aufgang zur Burg Düben. 981 wurde sie urkundlich erwähnt, heute beherbergt die Burg das Landschaftsmuseum der Dübener Heide
12, 13 Gedenkstein in Bad Düben und Wappen des Schwedenkönigs Gustav II. Adolf
14 Sonnentau
15 Naturschutzgebiet Zadlitzbruch
16 Im Kurpark von Bad Düben

17 In Oberglaucha
18 Blühende Heide bei Meuro
20 Bockwindmühle bei Glaucha. Sie wurde 1749 erbaut und ist noch heute in Betrieb

1
2

21 Bärensäule an der F 183 bei Weidenhain.
Der letzte Bär ist in der Heide 1607 erlegt worden
22 Häufig ist noch Schwarzwild anzutreffen
23 Im Naturschutzgebiet Grunaer Bruch
24 Im Grunaer Wald
25, 26 Naturschutzgebiet Zadlitzbruch

Battaune
Presseler Teich (NEZ)
Falkenberg-Lausiger T.
Pretzsch
Rotes Haus Bf.

2
2

2
2

27
28

27 Landschaft vor Söllichau
28 Gänsebrunnen in Dommitzsch, geschaffen von Bildhauer Bruno Kubas aus Dahlenberg
29 Nikolauskirche in Pretzsch. Den barocken Turm schuf Matthäus Daniel Pöppelmann
30, 31 Nikolauskirche in Pretzsch. Fürstenloge der Christiane Eberhardine, der Gemahlin Augusts des Starken (1720 nach dem Entwurf von Matthäus Daniel Pöppelmann); Grabplatte des Heinrich von Rehfeld Loesa (aus dem Jahre 1492)

29
30
31

32 Blick über die Elbe nach Pretzsch. Am Flußufer das heutige Kinderheim, ein in den Jahren 1571/74 erbautes Renaissanceschloß
33 Das Schloß in Pretzsch
34 Kinder aus Mauken
35 Im Zentralen Pionierlager »Ernst Thälmann« bei Bad Schmiedeberg
36 Wasserschloß Reinharz, das 1696–1701 errichtete Jagdschloß Augusts des Starken

37 Konzert im Garten des Kurhauses
38 Kurhaus in Bad Schmiedeberg (um 1900)
39 Das Rathaus in Bad Schmiedeberg wurde im Dreißigjährigen Krieg zerstört und 1648 neu errichtet
40 Das Autor (16. Jh.) war einst Bestandteil der Stadtbefestigung
41 Die Dorfkirche in Ogkeln stammt vermutlich aus dem 13. Jh.
42 Bad Schmiedeberg, Portal von 1619 in der Wittenberger Straße
43 Der Lutherstein an der Fernverkehrsstraße

4
4
4

44 Die neugotische Pfarrkirche (1805/10) im Wörlitzer Park

45 Stadtkirche Unser Lieben Frauen in Kemberg. Flügelaltar von Lucas Cranach d. J. (1565)

46, 47 Am Bergwitzsee

48 Der historische Marktplatz in Kemberg mit dem spätgotischen Rathaus, der Stadtkirche Unser Lieben Frauen (14./15. Jh.) und der Distanzsäule (1725)

Nur bis 3 Pers.
Nur bis 3 Pers.
Nur bis 3 Pers.
20

46
47

Industriewaren

49 Winterlandschaft bei Radis
50 Postdistanzsäule in Gräfenhainichen
51 Martinskirche in Weidenhain
52 Abendstimmung in Gräfenhainichen
Der gotische Torturm war einst Bestandteil der Stadtbefestigung
53 Barockschloß Oranienbaum (1683/89 von Cornelius Ryckwaert)
54 Im Wörlitzer Park

5
5

5
6

56 An den Ladenbergen in der Nähe von Tornau
57 Landschaftsmuseum Bad Düben: Eisenhammer aus dem Hammerbachtal bei Tornau
58 Köhlerei an der Studentenwiese hinter Tornau

0
1

59 Im Naturschutzgebiet Zadlitzbruch
60, 61 Am Muldenstausee bei Pouch
62 Landschaft bei Söllichau